Davide Gallo

Non trovo parole, rifugio in Poesia

Youcanprint *Self-Publishing*

Titolo | Non trovo parole, rifugio in Poesia
Autore | Davide Gallo
ISBN | 978-88-27842-44-7

Youcanprint Self-Publishing
Via Roma, 73 - 73039 Tricase (LE) - Italy
www.youcanprint.it
info@youcanprint.it
Facebook: facebook.com/youcanprint.it
Twitter: twitter.com/youcanprintit

Angeli in cielo, angeli in terra

Mare agitato preannuncia tempesta,
onda furente su scogli s'arresta,
pioggia scrosciante tampona finestra,
occhiaie su viso, mani su testa.

Luna calante, fisso ricordo,
porta tuo nome, sorriso tuo sordo,
fu arrivederci senza ritorno,
carezzo tua foto cercando conforto,
sei la mia luce nel buio profondo,
sguardo sereno racchiuso in cornice,
memoria in frammenti di vita felice.

Notte profonda, vaga guerriero,
lungo, tortuoso e irto sentiero,
oscuro presagio turba pensiero.

Era lontano mattino di aprile,
in testa caschetto, in spalla fucile,
pronto a difendere italica patria,
nero di fascio giovane infatua,
madre rimpiange figliolo che espatria.

Inchiostro su lettere placa distanza,
notizie dal fronte accrescono ansia,
caduti non tornano, guerra che avanza,
accendo candela in piccola stanza,

a Nostro Signore porgo mia istanza,
prego in ginocchio, non perdo speranza:

"Signore mio Dio tua umile serva,
tuoi angeli in cielo, mio angelo in terra,
tuo figlio su croce, mio figlio giù in guerra,
domando Te venia se paio superba."…

…Guerra finita, italiani liberati,
nemici sconfitti da amici alleati,
niente più bombe né carri armati.

Paese sommerso da morte e macerie,
paesani festeggian tra pianti e miserie,
sorrisi su volti allegri di festa,
manifesti su muri, chi giace, chi resta.

…Calano notti, susseguono gli anni,
perdite e nascite, gioie ed affanni,
uomo che nutre di futili inganni
sua gloria terrena miserrima e vana,
suo fragile essere, ma tempo non bara.

In piazza bambini che gettano neve,
al bar dei vecchietti, chi a carte chi beve,
campane sonanti, ora di messa,
mani congiunte, chinata la testa,
Padre, Figlio, Spirito Santo,
Lode al Signore liturgico canto.

Attendo silente fatidico giorno,
te varchi portone: "Mamma Buongiorno !"…

…Sedici gli anni bruciati dal tempo,
invecchia la carne, no amore materno,
vivo perenne nel gelido inverno,
aspetto da Cielo flebile segno.

Madre devota non ode ragione,
segno di croce, mano su cuore,
affido mia speme a nostro Signore,
di angelo in terra sia salvatore.

Compagno di banco, amico mio caro...
fa' buon viaggio

Riaffiori alla mente atroce lamento,
struggi nell'animo dolce tormento,
lasciasti noi intorno dolore e sgomento,
docile foglia strappata dal vento.

Memoria frammenti be' tempi di scuola,
ricordo indelebile in me si rinnova,
passato remoto poco consola,
crudo presente mette alla prova,
nere vestigia su bianche lenzuola;
vita regala, morte dolora.

Compagno di classe, compagno di banco,
lupo di razza che s'erge dal branco,
agire brillante, inceder mai stanco,
folti capelli, volto splendente,
carattere allegro, verbo suadente,
indomito, fiero, intraprendente;
immagine tipica d'uomo vincente.

Quel tondo faccione, sgargiante sorriso,
presenza tua forte ricordo me intriso;
lacrime amare avvolgono viso.

Confesso non sempre amico capivo
tuo modo di fare iperattivo,
tuo modo di essere superlativo;
vita 'bandona flebile spiro.

Gioviale cordiale a spasso col mondo,
fossi fermato quel folle secondo
rifletter valesse umana tua pena,
arma letale infrange diadema,
grigio sentore, sangue raggela;
brivido morte versa la schiena.

Esister condito in gioie e veleni,
beffardo profumo de' crisantemi,
gloria terrena futile vana,
core trafitto da nera lama,
gelido corpo in buia bara.

Zero saluto, né semplice abbraccio,
in paradiso dritto di slancio,
pallore candido oscuro presagio,
corpo tuo esanime pare miraggio,
disteso beato in cerca di adagio,
è panorama senza paesaggio;
animo mio ridotto straccio.

Vittima accetta tragico fato,
terra fratello ha già abbandonato,
luce s'aggiunge in plesso stellato,
Cielo s'accolga essere alato.

Avverso destino in atto blasfemo
non impedisca riposo sereno,
polvere in terra, angelo in cielo,
mortali peccati giudichi Iddio,
sia gloria celeste priva d'oblio.

Amico rivolgo pensiero sincero,
auguro pace in azzurro sentiero,
tua luce colori il buio funereo,
tra soffici nuvole volo leggiero.

Lacrime bagnano oceano profondo,
vivido sordo riso giocondo;
è lungo addio senza ritorno.

Tu, perenne disposto pace col mondo,
no perdonava tal gesto immondo…
Folle, infame, dannato secondo !

Nave in tempesta non trova ancoraggio.
Amico mio caro…
………………………………………
fa' solo buon viaggio.

Solitudine estiva

Estiva giornata di mezzo mattino,
sole cocente batte su viso,
panchina isolata in ridente campagna,
giallo di grano, verde boscaglia,
canto de' grilli, sudore che bagna.

Seduto silente sorseggio buon vino,
mastico e inghiotto sano panino,
ombra furtiva cala dal pino,
refrigero corpo ad ampio respiro.

Pedali solerte in sella a graziella,
di pieno mattino pedala una stella,
mio sguardo rapito da giovane bella
come pittore ritrae sua ancella,
o umil messere dinanzi donzella.

Quante mattine trascorse in panchina
scrutando nel grano tua bici che arriva,
battito accresce, amore s'insinua,
unico intento sentirti vicina,
a tuo passaggio divento pedina,
pensiero d'amore graduale s'insinua,
fedele alfiere fa scudo a regina.

Conoscer almeno qual fosse tuo nome,
entrare in tue grazie con qualche favore,

scambiarsi due chiacchiere senza clamore,
chieder perché, comprenderne il come.
Manca coraggio, no trovo parole,
m'è invano sopprimer cotanto torpore,
profumo di grano frena mio ardore,
secche le labbra, palpita core,
codardo silenzio fa troppo rumore;
mio timido amare non trova tuo amore.

Pedali solerte quasi di fretta,
giallo vestito, occhi di perla,
è grano che avvolge lucente ginestra.

Tuo sguardo rivolto strada maestra
nemmanco s'accorge dell'uomo sua destra,
animo sogna, giammai si ridesta,
facile preda di dolce magia,
miei occhi su Te, tuoi occhi su via.

Seduto silente su calda panchina
co' solito vino stipato in cantina
arsura me avvolge in solitudine estiva,
pelle abbronzata color oliva,
immobile corpo, pensiero sconfina,
immagine tua appare divina.

Navigo a vista senza deriva,
tento scalare contorta collina,
irto sentiero, sfuggente la cima,

è amore rinchiuso in pungente cortina,
paura del dopo, no v' è senso prima,
non trovo parole ma trovo la rima,
te, splendida musa che ispira mio cuore,
io, pronto a rischiare da buon sognatore.

Notando tua bici poggiata su palo,
te, sola distante in campo di grano,
io, spinto dal fato che guida mia mano,
abbatto l'inerzia seppur da lontano,
impeto artistico avanza pian piano,
combatto silenzio con fare profano;
lettera scritta tutta d'un fiato.

Ritrovo coraggio dal solito vino,
rapido incedere a passo spedito
mi appresto solerte con fare furtivo,
paraggi deserti, rapido inchino,
poso missiva dentro cestino
e fuggo veloce temendo tuo arrivo,
come lo scherzo d'un bimbo cattivo.

No m'atteggio poeta, te istighi poesia,
simulo artista in mia fantasia,
licenza poetica o finzione che sia,
esploratore in cerca di via,
carezzo tuo viso in dolce utopia,
getterò in versi un po' follia.

Gesto azzardato od opera pia,
speme celata induce agonia,
non prenderla a male, sia ciò che sia,
in fondo l'amore è anche pazzia;
dedico te mia folle poesia:

"Fossi pittore, impugnerei pennello,
dipingere Te, attratto dal bello,
imprimer su tela con forti colori
splendore tuo unico, mie vive emozioni,
aura di luce che intorno sprigioni.
Immane bellezza racchiusa nel quadro
sconfina cornice senza riguardo.

Fossi cantante, canzone d'amore,
che canti di Te, toccandoti il cuore,
mia serenata sotto balcone,
ritornello semplice, testo loquace,
parole e musica, sonante, efficace.

Sei fresca rugiada di primo mattino,
come scaldarsi davanti camino
sorseggiando pregiato vino.
Sei rosa fiorita in mezzo deserto,
azzurro mare a cielo aperto,
core mio palpita forte nel petto
a mo' di foglia agitata dal vento.
Sei raggio di sole dopo tempesta,
fuoco che arde, fiamma mai spenta,
occhioni lucenti verde foresta,
come l'inverno dolcito da neve,

dolciume gustoso sapore di miele.
Sei brezza marina refrigerante,
sorriso tuo penetra, spacca l'istante,
sguardo profondo assai penetrante,
fare sognante, corpo ammaliante.
Biondi capelli, labbra carnose,
rosso abbinato a gialle mimose,
pelle tua liscia bianco candore,
profumi di buono, acqua e sapone.

Anima e speme ridotte tuo servo,
core pulsante no vuole governo.

Come ricevere dono speciale,
oppure scartare regalo a natale,
sentir solo bene, vedere alcun male,
talmente raro, quasi irreale,
a tal cospetto, resto è banale,
sogno da sveglio senza esitare,
tuo esser distante m'appare fatale.

Sì docile e innocua, ma quanta energia,
sei stella brillante che illumina via,
core mio in bilico ignora che sia...
Core stregato da pura magia."

Anima nera a giudizio divino

Ingenuo bambino t'affacci a mondo
sì spensierato, beato, giocondo,
fare sognante, faccino rotondo,
occhioni vivaci, fragili dita,
diverti scrutare curioso la vita.

Ignaro di male che terra imperversa,
nera carezza tuo viso traversa,
segna indelebile infante inerzia;
silente squallore, infamia immensa.

Non più fare vivo, ma sguardo chino,
colpevole solo tuo esser bambino.
Da uomo maturo attender buonsenso,
bestia prevarica umano senso,
occhi arrossati da pianto denso.

Tenebra oscura penetra tempio,
sano candore distrutto da scempio,
bosco soave paesaggio incantato
in luogo tetro ormai tramutato.

Animo dolce viene straziato,
marchio perenne in core stracciato,
è vile affronto da togliere fiato,
trasforma innocenza in tragico fato.
Male del bene ha profittato,
assai differente l'essere amato.
Amore materno feconda da grembo,

pater familias ruolo da perno,
proteggere figlio compito eterno.
Un genitore divora sua carne,
no bada difendere suo stesso sangue;
immagine truce descrive sua langue.

Classe d'alunni affidata a maestro,
no sana cultura, miserrimo gesto,
tra libri e matite insegna squallore,
indegno del ruolo di formatore;
nero deturpa bianco candore.

Stringer con mano santo rosario,
pellegrinaggio in sacro santuario,
nefasto segreto celato in diario,
tassa carnale dovuta in erario,
di nostro Signore farne la vece,
angeli in terra subirne le spese,
predicar bene co' segno di croce,
del Cristo non ode né grazia, né voce,
infanga tuo corpo col gesto più atroce,
infanzia strappata da infamia che nuoce;
anima nera ad inferi cuoce.

Fanciullo risfoderi bianco sorriso,
non merita lacrima sì dolce viso.
Uomo rispetti giudizio bambino,
colpevole mostro a giudizio divino.

Libertà negata

Ostacoli segnano lungo cammino,
lotta perenne avverso destino,
nascite nuove riscaldan d'amore,
perdite care straziano core.

Giorno e notte che inseguono il tempo,
uomo sia unico fulgido esempio
di Libertà Sacra a mo' di tempio.
Sia scuro volto, anche più chiaro,
color non disegna umano schiavo.

Striscia deserta mo' di confine,
uomini e donne segnarne la fine,
du' popoli in lotta divide,
guerra e morte soltanto si vide.

11 ancora riecheggia nel mondo,
vite straziate da cielo profondo,
colpite due Torri in giorno più nero,
Gemelle oramai d'un tempo funereo.

Concerti, si ride, si balla, si canta,
armi da fuoco fan loro comparsa,
canzoni inneggianti vita ed amore
Colpi da sparo, è puro Terrore.

La Religione fonda su Fede,
non assassini di crude pretese
figli d'un dio assettato di sangue,

uomo distrugge e nulla rimpiange.

Inferno è l'umano dannato in eterno

Lei si nutre di tormento,
Signora Guerra fa spavento,
Lei divora a fuoco lento,
con sé orrore e gran sgomento.

No v'è alcuna via di scampo,
perder vita a piè di lampo,
urla, grida, spari e botte,
ecco VosSignora Morte !

Due sorelle sempre unite
a qualcuno assai gradite,
brama umana che divide.

Soltanto lor natura,
o più l'uomo a far paura ?
Esiste sol luogo simil a inferno…
animo umano dannato in eterno.

Indomabile Madre Natura

Fredda la Notte, buio l'Inverno,
gelo avvolgente, volto coperto,
cala la neve coprendo le porte,
vento trascina gelido e forte.

Ombra furtiva oltre la siepe,
il cacciatore caccia sue prede
prepara sua trappola in nera terra,
dura cacciare in giorni di merla.

Il cacciatore impugna fucile,
attende paziente cielo imbrunire,
ruggito improvviso spacca silenzio,
respiro profondo e pelo denso,
sguardo furente assai penetrante,
momento fatidico e culminante.
Colpo da sparo segna l'istante,
rosso su bianco descrive sua langue,
neve arrossata da fulgido sangue.

Bestia colpita, ci si avvicina,
a mo' di ladro con sua refurtiva,
fiocchi di sangue, ma corpo assente,
bestiale spiro orecchio non sente,
Madre Natura non sempre acconsente.

Fiocchi di neve dipingono bianco,
il cacciatore è avvolto dal branco,
vano fuggire dinanzi a dirupo,

sguardo feroce...è nero lupo.

Insanguinato da colpo partito
fa più paura animale ferito.
Rivolto occhi a cielo, ultima prega,
uomo ridotto ben misera preda.

Pollice alto, pollice verso

Chiasso assordante s'alza in Arena,
popolo a festa, brivido in schiena.
Plebeo, patrizio ceto non conta,
vivido sangue tutti asseconda.

Spalti gremiti ordin di posto,
caro non prezzo, bensì fatal costo,
colui che combatte, povero mostro.

Entra in arena il gladiatore,
"Ave Te Cesare Imperatore!",
maschere fredde, animi scuri,
tonante "Salutant!" de' Morituri.

Tornei fratricida, bestie feroci,
fendenti di spada spezzano voci,
come cristiani appesi su croci.
Vissuti, feriti e morti atroci.

Giunto suo termine gioco di strage,
chi sopravvive, chi terra giace,
pubblico acclama, spettacolo piace.

Imperatore s'alza da trono,
urla assordanti classico suono,
romana gente ha espresso co' tono
sorte ch'attende sconfitto e prono.

Il Gladiatore aspetta silente,

se sommo Cesare nega o consente,
pollice alto o pollice verso?
Futile, vano, cercarne il senso.
Sia grazia o morte, resta l'onore,
misero Fato del gladiatore.

Arma impugnata, rosso torpore,
sguardo rivolto suo Imperatore...
umana Vita perde valore.

Ohi Capitano, mare che freme..."Ciurma a
babordo, aizzate le vele !"

Grigia la notte, nebbia funesta,
agita vento, mare in tempesta;
capitano comanda sua vecchia ciurma,
fare deciso, timone che impugna.

Nave barcolla in preda alle onde,
mezzo ad oceano, messa alle corde,
urla sbraitanti, puro terrore,
cieca la furia del dio Poseidone.

"Aizzate le vele, ciurma a babordo !"…
Salvarsi chi può da mare balordo.

Volasti a cielo in notte di luglio

Finestra ch' affaccia nevoso paesaggio,
lontano ricordo appare miraggio,
parole e colori riaffiorano al cuore,
donano pace, rallegrano umore.

Neve calante, ardente camino,
bolle su fuoco buon tegamino,
nonni che giocano co' nipotino,
"A tavola, è pronto !", sotto col primo.

Zaino pe' terra, pranzo servito,
profumo di pane co' olio bollito,
riunivi famiglia con docile invito,
segno di croce, buon appetito.

Domenica sacra, pranzi e abbuffate,
volti distesi, tante risate,
famiglia riunita in gelido inverno,
amore materno e amore paterno.

Bambino giocondo con fare sfrenato
io piccola peste e qualche peccato,
te sempre disposta con fare pacato;
gran bella cosa sentirsi amato.

Troppi gli inverni trascorsi da infanzia,
ricordi assai cari del tempo che avanza,

rimpiango miei cari sommerso dall'ansia,
gran nostalgia, perenne distanza.

Volasti su a cielo, zero saluto,
nefasto sussulto misto a subbuglio,
funesta fu notte, mio animo ignudo,
gelando noi cuore quel torrido luglio,
apparvi una foglia abbracciata dal vuoto,
bacio dì e notte tua immagine in foto,
nonna proteggi nipote devoto.

Riaffaccio finestra, maltempo placato,
rifletti tua luce nel cielo stellato,
dedico te pensiero accorato…
tra esseri alati riposo beato.

Risveglio blu velo dal sogno alla sorte

Alba splende su nel cielo
ricoperta da blu velo
che riflette le sue orme.
Giù nel mare grandi onde
sugli scogli van profonde.

Alba giunge a inizio giorno
preannunciando tuo ritorno,
mi risveglio da mio sogno.

Si conclude lunga notte,
ogni uomo alla sua sorte.

Cavaliere nero cavalca destriero su nero sentiero

Ulula lupo, è notte scura,
il cavaliere di nera armatura
fiero cavalca fido destriero,
egli dinanzi v'è tetro sentiero.

Lampo roboante squarcia la notte,
non bada sua sorte, non teme la morte,
a repentaglio pone sua vita,
no v'è battaglia senza ferita.

Poggiato pe' terra rosso mantello
porta sé appreso pesante fardello,
scruta curioso maestoso castello
perimetrale bagnato da lago...
ecco spuntare perfido drago !

Fiamme cocenti sputar dalla bocca,
freccia appuntita dall'arco scocca,
ala ferita, continua la lotta
inferocita con fuoco di scorta.

Dopo sfuriata giunge momento
per conquistare suo sopravvento.
Stanco e malconcio drago s'accascia,
il cavaliere impugna sua ascia.

Colpo ben secco, sferrato su zampa,
fuoco cocente frattempo divampa,
nuovo fendente dritto su petto,

bestia furente ridotta ad insetto.

Truce dolore, drago non vola,
scena pietosa poco consola;
colpo di grazia taglia la gola.

Dolce donzella è messa in salvo,
in cielo spunta gran sole giallo,
la damigella con fervido ardore
ringrazia commossa suo salvatore.

Si monta a cavallo, beato ritorno
no più buia notte, ma fulgido giorno.

Guerrieri

Due guerrieri disarmati
sempre fianco tuo schierati
ogni singolo secondo
nel proteggerti dal mondo.

Un guerriero senza scudo
ti difende a duro muso
abbaiando ad ogni intruso.

Un guerriero senza spada
solo d'armatura alata,
ancestrale silenzioso,
che sia luce o tenebroso.

Un guerriero non demorde,
pieno giorno o buia notte,
incurante morto o vivo
egli bada a suo obiettivo.

No spaventa forte drago,
il guerriero ha fuoco sacro.

Stagioni colorano Madre Natura

Alberi secchi perdon fogliame,
giorno più breve, s'agita mare,
campanelle sonanti accolgono alunno,
fine vacanza, inizi d'autunno.

Gelo glaciale seguito da neve,
coprirsi bene, come si deve,
camino acceso, coperte e maglioni,
freddissimo Inverno, natale e cenoni.

Clima più mite, sole che sorge,
rondini in volo, Cristo risorge,
profumo di fiori, no secca brughiera,
stagione frizzante la Primavera.

Sole riscalda spiagge affollate,
tuffi nel mare, facce abbronzate, tante risate,
canti e ballate, angurie gustose, ferie sfrenate,
tutti contenti, magica Estate.

Tempo che scorre tra quattro stagioni,
ricordi riaffiorano a mente degli uomini.
Sia gelido Inverno, o torrida Estate,
al meglio godere di vita ogn'istante.

Cuore di zingaro

Nato in piccolo villaggio
apro occhi, inizio viaggio.

Tra pianure sconfinate
e foreste inesplorate,
coste azzurre, oceani immensi,
nuovi amici, altri persi.

Caldo e arido deserto,
bianche spiagge e cielo aperto,
alta torre parigina,
altra torre che s'inchina.

Madre mia così lontana...
casa mia dovunque vada.

Notte beata

Stelle splendenti ornano cielo,
piena la luna color bianco velo,
civette svolazzano e poggian su rami
prensili zampe con occhi profani,
lupi ululanti fan coro notturno,
stanchi operai concludono turno.

Notte profonda cala silenzio,
dolce riposo e sonno intenso.

Evasione prosaica

Cerco rifugio in fulgida mente,
scorre via tempo lasciando me esente
da figli distanti su banchi di scuola,
da moglie che piange sentendosi sola,
pianto silente che macchia lenzuola.

Amici miei cari scomparsi anzitempo,
alcuni rinchiusi co' me in nero tempio,
è già piena estate ma vivo l'inverno,
ognuno di noi vive suo inferno.

Non passa momento senza rancore,
rivivo ogn'istante beffardo mio errore,
troppo il dolore, lente le ore,
porgo mie scuse:
"Perdono Signore!".

Libertà cara rimpiango ogni cosa,
non vedo bambini, non sento mia sposa,
attorniato da spine, privato di rosa,
animo in pena giammai si riposa,
rifugio da buio salvandomi in prosa.

Pentimento

Chiedo perdono pe' colpi dal fronte
pioggia di sangue celata da bombe,
all'impazzata piazziamo su monte
scorte di viveri traverso il ponte;
è grigio di polvere senza orizzonte.

Domando perdono pe' sì triste sorte,
indosso divisa, rispetto la morte,
tremo al terrore di facce sconvolte
d'ignari civili co' fuoco alle porte
che implorano invano pregando manforte.

Vite strappate da torbido gioco,
fanciulli che impugnano armi da fuoco,
colpevoli e complici celano ignoto,
denaro e potere solito scopo.

Fonda la notte, mio animo indomo,
di futile guerra reinvoco perdono
chiedendo Voi venia, restando Voi prono,
di Voi sempre indegno, ma prego per loro.
...Gioco malato creato dall'uomo.

Risveglio a primavera

Suona radiosveglia,
natura si risveglia,
rondine sorveglia,
d'estate inizia veglia.

Amata Primavera,
soleggia la brughiera,
fiorente nuovo giorno,
splendente tuo ritorno.

Routine

Sveglio, colazione, pranzo, lavoro, cena, letto.
Restante è contorno, quasi superfluo,
simulo automa, ritmo perfetto
costruisco alveare da tipico insetto
a testa bassa e fare imperterrito.

Capo poggiato cuscino su letto,
occhi socchiusi sdraiato su petto
tra bianche lenzuola dormo coperto.

Riposo ossa stanche da duro lavoro,
guadagno il dovuto, no navigo in oro,
domani altro dì, futuro mi è ignoto,
prego umilmente solerte e devoto,
rilasso beato senza uno scopo,
mi basta salute, campo con poco.

Ennesima notte trascorsa serena,
sbadiglio profondo, stiracchio la schiena,
sole risorge, ripeto la scena.

Codice rosso

Vola libero pensiero,
io disteso, tu nel cielo,
cerca luce e sfuggi a nero,
sia al vita, o buio velo,
sono io, oppure ero…

Vola alto, anche oltre
fra celesti e bianche volte,
no temere, bussa forte,
fa che t'aprano le porte,
rimettendo a nostra sorte.

O magari patteggiare, rimandare,
prova almeno a domandare...
se l'Eterno può aspettare.

Oasi ingannevole

Arido, afoso, giallo deserto,
sudore bruciante versa su petto,
no v'è refrigerio dal caldo secco,
afa tranciante, respiro ansimante,
cammino stancante, villaggio distante,
oasi intravvedo nella lontananza,
m'avvento solerte con lungimiranza…
è mero miraggio, ingrata speranza.

Mezzogiorno di fuoco

Sole posto a mezzo cielo
batte forte su sombrero,
vento agita palle di fieno,
sguardi intensi, occhi glaciali,
ferme e fremono le mani
mai distanti dalle armi.

Orologio corre lento,
caldo d'afa peggio inferno,
un minuto pare eterno,
basta un solo fatal gesto
e via dritto al Padreterno.

Contendenti pronti a fato,
uno a varco, altro ad angolo,
mezzodì appena scoccato.

Secco boom rompe silenzio,
fumo sale in cielo denso,
mera polvere effetto incenso,
un proiettile sparato,
l'altro in canna riversato.

Si conclude gioco morte,
senza ma, senza forse,
vecchia legge del più forte,
pistoleri a cruda sorte,

rimontando su destriero…
uno a piedi, l'altro a cielo.

Rifugio nel grano

M'aggiro sovente tra campi di grano
cercando rifugio dal caos quotidiano,
no sono contorto, pretendo riparo,
trovo conforto toccando con mano
stele di grano giallastro dorato.
Distolgo pensiero, refrigero corpo,
ritrovo sorriso, è acqua su fuoco,
elimino ansia e riprendo mio scopo…
vivere al giorno fingendo sia gioco.

Italia Paese storia cultura, miserrima fine no sua natura

Italia paese di arte e cultura,
ricca sua storia, fiorente natura,
navigatori, poeti, cantanti,
scienziati, scrittori e musicanti.

Italia paese a mo' di stivale,
rotondo pallone pare calciare
gustose pietanze, ottimo vino,
cibo italiano più sopraffino.

Griffe pregiate degne di nota,
auto stupende, altissima moda,
dall'Alto Adige alla Sardegna,
spiagge, pianura, collina e montagna,
azzurro mare penisola bagna.

Mafia, mandolino, pizza e spaghetti,
luoghi comuni, semplici detti,
du' calci a pallone, campioni del mondo,
mettendo disparte restante noi mondo;
italico viver beato giocondo.

Da romano impero a periodo nero,
da eterne strade robusta struttura,
asfalto scricchiola, è buca scura.

Paese rimpiange antico splendore,
vivere attuale strugge noi core,
terra tremante straziante dolore.

Italia che piange, italiani stanchi,
eterne promesse e cocenti rimpianti,
da Figli di Patria si torna migranti
se laureati, ma senza contanti.

Immense risorse ma poco sfruttate,
senza alcun sole no v è calda estate,
cuori spezzati in vane pretese,
ancora salvabile il Belpaese ?

Italia ridesti umano principio,
riponga in suo capo elmo di Scipio,
italici in sangue, da mare sbarcante,
uniti fratelli, segniamo l'istante,
scacciamo rancore, ben venga colore,
ognun di fratello sia salvatore.

***Bimbo pacioso scherza col mondo, padre difende
figliolo giocondo***

Mio bimbo pacioso co' fare giocondo
affacci solerte scherzare col mondo,
ridendo, piangendo, per futili cose,
buffe espressioni, tenere pose.

E' tutto giocattolo, quanta energia,
bello di nonna, cocco di zia,
avvolgi ogni cosa con dolce magia,
smorfie, capricci, riempiono giorno,
notte inoltrata senza mai sonno,
giochi felice, ciuf ciuf trenino,
poi pianto assordante, tanto casino,
ecco spuntare tuo primo dentino.

Tua prima parola...mam-ma,
s'è fatto tardi, ora di nanna,
sentito bene ? Mi pare, chissà…
ha detto qualcosa, forse papà !

Apri boccuccia, aereo che vola,
da bravo, su mangia, mmmhh, pappa che buona,
muovi gambine, mano a papino,
barcolla e cammina mio bel bambino.

Suona la sveglia, in piedi che è ora,
forte emozione primo giorno di scuola,
penna che scrive, pastello colora,
tieni equilibrio, coraggio, pedala,
niente paura, occhio alla strada.

Pian piano giunge età più matura,
normale suo iter madre natura.
si ride, si piange, un po' come ieri,
no futili cose, diritti e doveri.

Figliolo ti prego, dammi retta,
cresci con calma, non avere fretta,
futuri miei errori te chiedo perdono...
capirai meglio, domani da uomo.

Speme lucente

Non credo che il buio oltrepassi la siepe,
non credo nel gelo, bensì nella neve,
nemmanco che il vento sfoci in tempesta
spazzando via fiori e strappi ginestra,
piuttosto refrigeri e ceda sua brezza
donando leggiadro sua dolce freschezza.

Non credo nel Fato beffardo ed ingrato,
dubito esista retaggio sbagliato,
credo sia caso piuttosto che Fato.

Non è vera fame se già s'è pranzato,
amo sì il dolce, sopporto il salato,
incespico in fango, mi sdraio su prato.

Diffido del facile troppo scontato,
"No muore rotondo chi nasce quadrato!",
scusa puerile del rassegnato.

Credo ancor meno nei finti valori
di chi addosso abiti scuri colori,
rosario alla mano e Cristo nei cuori,
prega occhi a cielo tra mille finzioni
tradendo sua gente per biechi verdoni.

Ammiro incantato sgargianti colori,
odo i bei suoni, ascolto i rumori,
varie le etnie, culture, gli idiomi,
vivo gli amori, non serbo rancori.

Credo però che Lui sia presente,
lasci noi scelta, mai nega, consente,
permette anche male compiuto dall'uomo,
sé necessario concede perdono
in cambio di scuse, ginocchio a Lui prono.

Suppongo ch'ognuno combatta suo drago,
tentenni tra l'angelo e il subdolo diavolo,
rinnego la sfiga, non grido al miracolo,
confido nel bene, giammai nell'oracolo,
contemplo l'immenso immerso nell'atomo,
sogno l'eterno vivendo nell'attimo,
scrivo solerte, vivo funambolo,
avverso monologo, aperto a dialogo,
penso moderno, compongo vernacolo,
uso la rima a mo' di giocattolo,
precipito in pozzo, riemergo da baratro,
a volte si vince, o messi nell'angolo,
alcuni sorridono, altri rimpiangono.

Accolgo con gaudio il bene dal cielo,
sopporto paziente il male più nero,
inseguo stelle, innalzo pensiero,
confido nel premio del giusto, nel vero,
luce trapassa il buio funereo.

Poetica onirica

Vivo realtà co' fare sognante,
prego ogni dì, desidero in grande,
mio grezzo pensiero s'affina galante,
agito in sonno, risveglio stancante,
ero bambino e sognavo da grande,
divengo adulto sentendomi infante,
timido riso su volto sperante,
immagino primo, rimango distante,
vivo fedele, sogno da amante,
a volte puerile, fingo poetante
scrivendo furtivo a mo' di brigante
co' stile impazzato filastroccheggiante,
gioco d'azzardo scoprendo mie carte,
amo bluffare ingannando l'istante,
emulo invano poeta brillante…

…proso silente nel sogno di Dante.

Ritratto di villaggio

Augelli canticchiano a pieno mattino,
nell'aria profumo mosto di vino,
in chiesa si prega co' fare supino
chiedendo perdono e grazia al Divino.

Comara affacciata su vecchio balcone,
bambini in cortile, calci a pallone,
madri richiamano loro per nome…

Amato villaggio, soave candore.

Poedroga

Esprimo in poesia emozioni sfuggenti,
colori, profumi, rancori struggenti,
ricordi trascorsi di mille frangenti,
azzardo acciuffare pensieri latenti
che vagano in aria divisi a frammenti,
affronto versando vecchi tormenti,
maneggio e confido nei soli strumenti
che donano me la pace dei sensi.

Agguanto la pace, accolgo i lamenti,
no pongo traguardi, realizzo miei intenti,
attimi eterni incedono lenti
racchiusi nei giochi di rime suadenti.

Libero in versi, non pongo paletti,
libro su righe miei pregi e difetti,
riverso su libro parole e concetti
capaci di infondere riso e consensi,
rime fendenti che contino eventi,
lascino segno, oppure perdenti,
m'avvento imperterrito tra gioie e stenti.

Fiumi d'inchiostro scorrono a iosa,
come marito che insegue sua sposa,
colgo sua rosa versandola in prosa,
sia mai nel deserto spunti mia rosa.
Comporta magia, no futile moda…
comporre poesia mia unica droga.

Finito di stampare nel mese di Agosto 2018
da Andersen S.p.A.
per conto di Youcanprint *Self-Publishing*